CATALOGUE

D'UNE BELLE COLLECTION

D'ESTAMPES

HISTORIQUES

Relatives à la Révolution Française

ET AUSSI DES

ÉCOLES FRANÇAISE ET ANGLAISE

DU XVIIIe SIÈCLE

PIÈCES IMPRIMÉES EN NOIR ET EN COULEUR

DONT LA VENTE AUX ENCHÈRES PUBLIQUES AURA LIEU

HOTEL DES COMMISSAIRES-PRISEURS, RUE DROUOT, N° 9

SALLE N° 10

Les Vendredi 28 et Samedi 29 Février 1896

A deux heures précises.

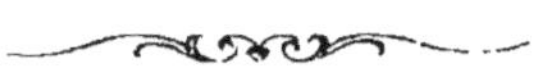

Me MAURICE DELESTRE	**M. JULES BOUILLON**
Commissaire-priseur	Marchand d'Estampes de la Bibliothèque nationale
27, RUE DROUOT, 27	RUE DES SAINTS-PÈRES, 3

PARIS

IMPRIMERIE D. DUMOULIN ET Cie

5, RUE DES GRANDS-AUGUSTINS, 5

CATALOGUE

D'UNE BELLE COLLECTION

D'ESTAMPES

HISTORIQUES

Relatives à la Révolution Française

ET AUSSI DES

ÉCOLES FRANÇAISE ET ANGLAISE

DU XVIIIe SIÈCLE

PIÈCES IMPRIMÉES EN NOIR ET EN COULEUR

DONT LA VENTE AUX ENCHÈRES PUBLIQUES AURA LIEU

HOTEL DES COMMISSAIRES-PRISEURS, RUE DROUOT, N° 9

SALLE N° 10

Les Vendredi 28 et Samedi 29 Février 1896

A deux heures précises.

Par le ministère de Me **MAURICE DELESTRE**, Commissaire-Priseur,
Rue Drouot, 27,

Assisté de **M. JULES BOUILLON**, marchand d'estampes de la Bibliothèque nationale, rue des Saints-Pères, 3.

PARIS, 18

CONDITIONS DE LA VENTE

La vente sera faite au comptant.

Les acquéreurs payeront *cinq pour cent* en sus des enchères, applicables aux frais.

M. JULES BOUILLON, chargé de la direction de la vente, se réserve la faculté de rassembler ou de diviser les lots.

ORDRE DES VACATIONS

Vendredi 28 février.	Nos 1 à 243
Samedi 29 —	244 à la fin.

DÉSIGNATION

ESTAMPES

ALIX (P.-M.)

1 — *Bailly* (Jean-Silvain), d'après Garneray. In-fol. Belle épreuve imprimée en couleur.

2 — *Chalier*, d'après Garneray. In-fol. Très belle épreuve imprimée en couleur.

3 — *Cardoy* (Charlotte). In-fol. Superbe épreuve avant toute lettre, imprimée en couleur, grande marge.

4 — *Corday* (Marie-Anne-Charlotte). In-fol. Imprimée en couleur. Superbe épreuve, toute marge.

5 — *Custine* (Adam-Ph.), général de l'armée du Rhin. In-4. Très belle épreuve imprimée en couleur.

6 — *Kléber*, d'après A. Boilly. In-fol. en pied. Très belle épreuve.

7 — *Lepelletier* (Michel), d'après Garneray. In-fol. Très belle épreuve imprimée en couleur.

8 — *Mirabeau* (Honoré-Gabriel). In-fol. Très belle épreuve imprimée en couleur.

9 — *Marat* (Jean-Paul), d'après Garneray. In-4. Belle épreuve imprimée en couleur.

10 — Napoléon Bonaparte, 1er consul, en habit rouge, d'après Appiani. In-fol. Très belle épreuve imprimée en couleur.

11 — *Buonaparte* (le général), d'après Appiani. In-fol. Très belle épreuve imprimée en couleur.

12 — *Viala*. In-fol. Superbe épreuve avant toutes lettres, imprimée en couleur.

13 — Costumes hambourgeois, Deux pièces gr. in-fol. faisant pendants, d'après Lespinay. Superbes épreuves avant la lettre, imprimées en couleur, Rares.

ANONYME

14 — Jeune femme appuyée sur un lit, dans deux positions différentes. Deux pièces de forme ronde, faisant pendants. Très belles épreuves avant toutes lettres, imprimées en couleur. Rares.

ARMANO

15 — Portrait du Père Duchesne. In-4. Belle épreuve, toute marge.

AUDEBERT (J.)

16 — *Barnave*, 1790. In-fol. en pied. Superbe épreuve, toute marge.

17 — *Toulouse-Lautrec* (le comte de), député à l'Assemblée nationale. In-fol. en pied. Très belle épreuve, toute marge.

AUDOUIN (P.)

18 — *Louis XVI*, roi de France. In-fol. Très belle épreuve, toute marge.

19 — *Mirabeau* (Honoré-Gabriel-Riquetti, comte de). In-fol. Très belle épreuve, toute marge.

20 — *Moreau*, général en chef de l'armée du Rhin, d'après Gérard. En dessous la bataille de Hohenlinden, par Duplessis-Bertaux, — *Dumourier*, par Zatta, d'après Vérité. Deux portraits. Belles épreuves.

BARTOLOZZI (F.)

21 — *Marie-Antoinette*, reine de France. In-8 en bistre. Très belle épreuve. Rare.

BASSET (à Paris, chez)

22 — L'Archiduchesse Marie-Antoinette, sœur de l'Empereur, arrive à Versailles le 16 mai 1770, jour de son mariage avec Monseigneur Louis-Auguste, Dauphin de France. Belle épreuve. Rare.

23 — M. Bailly, Maire de Paris, présentant au Roi les clefs de la ville à la barrière de la Conférence, le 17 juillet 1789.

BASSET (à Paris, chez)

24 — Bataille de Jemmapes, livrée et gagnée par les Français sur les Autrichiens le 6 novembre 1792. Grande pièce en largeur, coloriée. Rare.

25 — Chevaliers du poignard, désarmés par ordre du Roi, au château des Thuilleries, le 28 février 1791. Grande pièce en couleur avec légende explicative en bas. Très belle épreuve, toute marge.

26 — Entrée des Français dans Varsovie, le 28 novembre 1806. Pièce coloriée. Belle épreuve.

27 — Exécution de Louis Capet, XVIe du nom, le 21 janvier 1793. La scène est prise au moment ou le bourreau présente au peuple la tête du roi. Grande pièce en largeur, coloriée. Très belle épreuve, toute marge. Rare.

28 — Fête du 14 juillet, an IX. Vue des trois théâtres construits aux Champs-Elysées, dans le carré Marigny. Pièce coloriée. Très belle épreuve.

29 — Moi libre, Moi libre aussi. Quatre pièces coloriées sur les mêmes sujets. Très belles épreuves.

30 — Monuments nationaux élevés pour la fête de la fédération célébrée le 10 août 1793. Cinq médaillons sur une même planche. Très belle épreuve, toute marge.

31 — Ordre du cortège pour la translation des mânes de Voltaire, le 11 juillet 1791. Grande pièce coloriée. Rare.

32 — Le peuple français reconnaît l'Etre suprême et l'immortalité de l'âme. Grand placard en largeur colorié. Rare.

33 — Rencontre agréable de l'amant et de la maîtresse qui se donnent rendez-vous au soir, — La maman complaisante, — Mlle Flairant promettant la rose à son fils, — Mlle Rose en bonnet, chapeau et redingote du matin aux Champs-Elysées, — La petite Dubois se croyant jolie se donne des airs avec son énorme frisure à crochets, — Mme de Sottenville exprimant ses tendres désirs aux échos du Bois de Boulogne, — La belle Milady, quittant le ton sérieux des

BASSET (à Paris, chez)

Anglaises, se promet des plaisirs à Paris, — La jeune Anglaise allant au spectacle de Monsieur, — La brillante Rosalie regarde la bordure qui doit encadrer le portrait de son amant, — La jeune et tendre Iris accordant sa mandoline pour plaire et fixer son amant volage, — Mme la comtesse Tatillon, — La charmante Félicité faisant son commerce le soir au Palais-Royal, — Mlle Folichon jouant de la prunelle, — Milady Karlingston se promenant dans la belle allée du Palais-Royal, — Manon la profiteuse lisant un poulet d'amour dans l'intention d'y faire une réponse qui plaira, — Tailleur anglais, — Le galant cordonnier anglais, chaussant la jeune Emélie et prenant feu en voyant ses charmes, — Ah ! finissez donc, cher Père. Dix-huit pièces rares et curieuses sur les mœurs et costumes de la Révolution. Très belles épreuves coloriées.

34 — Le soleil au signe du capricorne. Grande pièce coloriée, avec légende explicative. Très belle épreuve, toute marge.

35 — *Arouet de Voltaire* (F.-M.). *Rousseau* (J.-J.). Deux portraits in-4 imprimés en bistre. Très belles épreuves.

36 — *Catherine II*, impératrice de Russie. In-4 équestre. Très belle épreuve coloriée. Rare.

37 — Charlotte Corday, en buste, coiffée d'un chapeau et tenant un poignard à la main. Belle épreuve, en couleur. Rare.

38 — *Mirabeau* (Honoré-Gabriel Riquetti, ci-devant comte de). In-4 en couleur. Superbe épreuve. Rare.

39 — *Mirabeau* (Honoré-Gabriel Riquetti, ci-devant comte de). In-4. Très belle épreuve imprimée en couleur.

40 — M. le comte de Mirabeau, député d'Aix. In-4, colorié.

41 — L'Incendie de la foire St-Germain à Paris, arrivé la nuit du 16 au 17 mars 1762. — Vue du feu pris à la salle de l'Opéra de Paris, le 6 avril 1763. Deux pièces coloriées. Belles épreuves. Rares.

BAUDOUIN (d'après P.-A.)

42 — L'Amour frivole, par Beauvarlet (E.-B.-B.). Superbe et rare épreuve d'un état non décrit, avant toutes lettres, grande marge.

43 — L'Enlèvement nocturne, par N. Ponce (20). Très belle épreuve, marge.

BAYARD (d'après E.)

44 — Le Passeur. Photogravure en couleur.

BEISSON (Et.)

45 — *Marat* (J.-P.), d'après Boze. In-fol. Très belle épreuve avant la lettre, toute marge.

BELJAMBE (P.)

46 — *Bailly* (J.-S.), maire de Paris. In-4 en couleur. Très belle épreuve, toute marge.

BERGNY (à Paris, chez)

47 — L'hommage sincère. Pièce allégorique avec le portrait de Necker. Très belle épreuve, toute marge.

BERTAUX (d'après)

48 — Les Recruteurs à la campagne, — Les Recruteurs à la ville. Deux pièces coloriées faisant pendants, gravées par Auvray. Très belles épreuves.

BERTHAULT (à Paris, chez)

49 — Vue du champ de Mars, le 14 juillet 1790. Très belle épreuve, en couleur.

BICHET (A.)

50 — Les Saisons. Suite de quatre pièces sujets d'amours, imprimés en couleur sur une même feuille, avec fond bleuté.

BIGG (d'après W.-C.)

51 — The Romps, — The Truands. Deux pièces faisant pendants, gravées par W. Ward. Très belles épreuves en couleur. Marges.

BINET (d'après)

52 — La Colonnade. Belle épreuve. En couleur.

BOILLY (d'après L.)

53 — L'Amour couronné, — L'Optique. Deux pièces faisant pendants, gravées par Cazenave. Très belles épreuves. En couleur.

54 — Marche incroyable, par Bonnefoy. Belle épreuve. En couleur.

55 — On la tire aujourd'hui, par Tresca. Superbe épreuve. Toute marge.

56 — Prélude de Nina, par Chaponnier. Très belle épreuve. En couleur.

BONNET (L.)

57 — Portrait de Mlle *Coypel*, gravé à plusieurs crayons, en imitation de pastel, d'après le tableau de F. Boucher. Magnifique épreuve de la plus grande fraicheur, avec marge.

58 — Mme de *Pompadour*. Gravé à plusieurs crayons, en imitation du pastel, d'après F. Boucher. Superbe épreuve remmargée.

59 — *Louis XV*, roi de France. Buste fort comme nature. In-fol. Très belle épreuve imprimée en sanguine. Marge.

60 — *Louis-Auguste*, dauphin de France, — *Marie-Antoinette*. dauphine de France. Deux portraits in-fol., bustes forts comme nature, d'après Vanloo. Très belles épreuves imprimées en sanguine, grandes marges.

61 — *Du Barry* (Mme la comtesse). Buste fort comme nature, d'après Drouais. In-fol. Superbe épreuve imprimée en sanguine, grande marge.

BONNEVILLE

62 — Portraits de députés à l'Assemblée nationale. Quarante-six pièces in-8. Belles épreuves.

BOSIO (D.)

63 — La Bouillotte. Très belle épreuve. En couleur. Marge.

BOUCHER (d'après F.)

64 — La Bouquetière galante, par J. de Goncourt. Très belle épreuve.

BOWYER (R.)

65 — The Battle of Waterloo. Grande pièce en largeur. Belle épreuve. En couleur.

BRÉA (DE)

66 — *Mirabeau*. Buste fort comme nature. Très belle épreuve.

BRICEAU (ANGÉLIQUE)

67 — *Marat* (J.-P.). In-fol. Très belle épreuve imprimée en couleur.

BRION

68 — Assassinat de J.-P. Marat, le 13 juillet 1793. Très belle épreuve coloriée.

69 — Assassinat de Michel Le Pelletier. Belle épreuve. En couleur.

BROOKSHAW

70 — *Louis XVI*, — *Marie-Antoinette*. Deux portraits in-8 faisant pendants. Très belles épreuves.

71 — *Artois* (Charles-Philippe, comte d'), d'après Vanloo. In-8. Très belle épreuve avant la lettre.

BUCHERIE (à Paris, rue de la)

72 — La Mort du patriote Marat. — Charlotte Corday dans sa prison écrivant à son père. Deux pièces faisant pendants, avec légendes en bas. Très belles épreuves. Rares.

CANU

73 — Jardin du Palais ci-devant Royal et Egalité, aujourd'hui Palais du Tribunat, — Vue de l'ancien Palais-Royal, — Vue du nouveau Palais-Royal. Trois pièces coloriées.

CARÊME (Ph.)

74 — Bravoure des femmes parisiennes à la journée du 5 octobre 1789. Très belle épreuve.

CARICATURES

75 — Caricatures politiques françaises et anglaises. Vingt-cinq pièces coloriées. Pourra être divisé.

CATHELIN (L.-J.)

76 — *Provence* (Marie-Josèphe-Jeanne-Louise de Savoie, comtesse de), d'après Drouais. In-fol. Superbe épreuve avant toutes lettres.

CHAPUY (J.-B.)

77 — Vue perspective du Champ de Mars, jour du Serment civique prononcé par la Nation française assemblée à Paris le 14 juillet 1790, d'après Le Roi. Très belle épreuve imprimée en couleur.

CHARON (à Paris, chez)

78 — La Revue royale, ou réunion des uniformes français, — Tableau critique de l'Europe, ou les nations telles qu'elles sont toutes, — Les Provinces telles qu'elles sont, ou les vieux dictons, — Paris tel qu'il est, ou le trompe-l'œil. Suite de quatre pièces en couleur. Très belles épreuves. Rares.

CHEESMAN (F.)

79 — *Mountain* (Mrs), d'après Buck. In-4. Très belle épreuve imprimée en couleur.

80 — *Woddy* (miss), d'après A. Buck. In-4 en couleur. Très belle épreuve.

CHEREAU (à Paris, chez)

81 — La Journée à jamais mémorable aux Français, où Louis XVI se rendit à l'hôtel de ville, le 17 juillet 1789. Pièce colorie avec légende.

82 — Siège du château des Tuileries, le 10 août 1792, — Journée du 10 Août 1792. Deux pièces coloriées sur le même sujet.

CHÉREAU (à Paris, chez)

83 — Vue de la décoration et illumination faite sur le terrain de la Bastille, le jour de la fête de la Confédération française, le 14 juillet 1790, — Prise de la Bastille. Deux pièces colorices.

84 — Vue du Jardin national et des décorations le jour de la fête de l'Etre suprême, le 2 prairial, an II, — Vue de la montagne élevée au Champ de la Réunion, pour la même fête. Deux pièces coloriées faisant pendants. Très belles épreuves, avec marges.

85 — *Barra* (Joseph). In-8 en couleur. Très belle épreuve.

86 — *Le Pelletier* (Michel). Buste couronné par la France, — *Target* avocat au Parlement. Deux pièces coloriées. Très belles épreuves.

87 — Louis XVI, roi des Français, restaurateur de la liberté, — Louis XVI, roi d'un peuple libre; M. le marquis de La Fayette. Deux portraits sur une même planche. Trois portraits en pied, coloriés. Belles épreuves.

88 — *Marat* (Jean-Paul), — *Le Pelletier* (Michel). Deux pièces faisant pendants. In-4. Coloriées. Très belles épreuves.

CHEREAU ET BASSET (chez)

89 — M. le marquis de La Fayette. Deux portraits coloriés, dont une en pied et l'autre équestre. Très belles épreuves.

90 — Prise de la Bastille. Deux pièces coloriées, sur le même sujet.

CLÉMENT ET ÇHARON

91 — Apollon couronnant la Vérité. — Regardez, mais n'y touchez pas. Deux pièces en couleur. Belles épreuves.

CLOQUET

92 — Vue générale de la Fédération française, prise à vol d'oiseau au-dessus de Chaillot. Très belle épreuve, toute marge.

COLIBER

93 — *Roland* (Jean-Marie), ministre de l'intérieur. In-fol. Très belle épreuve coloriée.

COQUERET

94 — *Moreau* (le général), d'après Hilaire Le Dru. In-fol. en pied. Très belle épreuve, marge.

COUTELLIER (à Paris, chez)

95 — Le Temps découvre la Vérité, qui foule aux pieds la Féodalité. Très belle épreuve, imprimée en bistre.

CROISIER ET BERGNY

96 — L'Heureuse administration, — L'Œil du Génie, ou les armes de M. Necker, — Le Triomphe de la Liberté. Trois pièces. Très belles épreuves.

CURTIS

97 — *Marie-Antoinette*, reine de France, d'après Dufroë. In-fol. Très belle épreuve.

DAGOMMER (d'après Ch.)

98 — Livre d'animaux dans le goût du crayon. Gravé à la sanguine, par Demarteau. Six pièces de deux suites différentes. Très belles épreuves, toutes marges.

DAVID

99 — Inauguration de Louis XVI au temple de la Constitution, d'après Le Jeune. Très belle épreuve, toute marge.

DEBUCOURT (P.-L.)

100 — La Promenade publique, 1792. Superbe épreuve imprimée en couleur, avec grandes marges. Il y a quelques restaurations dans la marge seulement.

101 — Frascati. Belle épreuve en couleur de la copie.

102 — La Rose mal défendue. Très belle épreuve.

DEBUCOURT (P.-L.)

103 — Le Canal. Très belle épreuve, en couleur, toute marge.

104 — L'Innocente du jour. Très belle épreuve en couleur, marge.

105 — Promenade au bois de Vincennes. Très belle épreuve, en couleur, marge.

106 — Le Tailleur, — Le Coeffeur. Deux pièces faisant pendants. Très belles épreuves, en couleur, grandes marges.

107 — La Danse des chiens en désordre, d'après C. Vernet, en en couleur. Très belle épreuve.

108 — Le Joueur de cornemuse, d'après C. Vernet, en couleur. Superbe épreuve avant toutes lettres, grande marge.

109 — La Toilette d'un clerc de procureur, d'après C. Vernet, en couleur. Très belle épreuve.

110 — Le Chasseur égaré, d'après C. Vernet. Superbe épreuve avant la lettre.

DEMARTEAU

111 — *Louis XVI*, d'après Vassé. In-4 à la sanguine. Très belle épreuve.

DENY

112 — *Artois* (Charles-Philippe, de France, comte d'). In-4 en pied. Très belle épreuve en couleur.

DEPEUILLE (à Paris, chez)

113 — Correspondance royale trouvée dans l'armoire de fer, au château des Tuileries. In-fol. Belle épreuve.

DESCOURTIS

114 — L'Amant surpris, — Les Espiègles. Deux pièces faisant pendants, d'après Schall. Superbes épreuves imprimées en couleur, marge.

115 — *Sophie Wilhelmine*, princesse de Prusse, d'après Hentzi. Superbe épreuve imprimée en couleur, avant toutes lettres, seulement les noms des artistes, tracés à la pointe, avec marge. Très rare.

DESRAIS (d'après C.-L.)

116 — Assassinat de Michel Le Pelletier, gravé par Marchand, en couleur. Belle épreuve.

117 — Conquêtes de la République française. Deux pièces faisant pendants, gravées par Le Beau. Très belles épreuves, toutes marges.

118 — Geoffroy arrête Amiral, assassin de Collot d'Herbois, — Assassinat de Collot d'Herbois. Deux pièces faisant pendants, gravées par Marchand. Très belles épreuves coloriées.

119 — Les Héroïnes d'aujourd'hui, gravé par Blondeau. Très belle épreuve en couleur, marge. Rare.

120 — Le Tombeau de Voltaire foudroyé, gravé par Letellier. Belle épreuve.

DIDIER

121 — Allégorie à la Constitution. Très belle épreuve imprimée en bistre, toute marge.

DIVERS

122 — Bonaparte et l'archiduc Charles, représentés debout sur le devant d'un camp. Médaillon rond en couleur, avant toutes lettres.

123 — *Louis XVI*. Trois portraits différents, par Lavachez, Duflos, etc. Belles épreuves.

124 — Assemblée des Etats généraux, — Les Adieux de Louis XVI à sa famille, — Louis XVI sur l'échafaud, — Testament de Louis XVI, avec son portrait. Quatre pièces. Très belles épreuves.

125 — Liberté, — La Liberté montrant aux nations la France et la Pologne. Pièce imprimée sur fond bleu, — La Nation. — La Raison, par Darcis, d'après Boizot. Quatre pièces. Très belles épreuves.

DIVERS

126 — L'Espoir du Français, — Grand Necker, ta sage prudence..., — Constitution de la France, — La France reçoit des trois ordres les vœux de toute la nation, — La Vertu récompensée, — L'Œil du Génie ou les armes de M. Necker. Sept pièces. Portraits et sujets relatifs à Necker. Très belles épreuves.

127 — Costumes de cérémonie de MM. les députés des trois ordres aux Etats généraux, — Représentant du peuple aux armées, — Officier municipal avec écharpe, — Trompette des grenadiers de la garde des Consuls à cheval, — Fifre des chasseurs à pied de la garde des Consuls. Cinq pièces coloriées, d'après David, Poisson et Poulet.

128 — Portraits de la Famille royale et sujets historiques de la même époque. Huit pièces. Très belles épreuves.

129 — Portraits de personnages célèbres de la Révolution. Vingt-deux pièces in-8 et in-4.

130 — Sujets divers et allégories. Sept pièces.

131 — Portraits et sujets divers. Treize pièces.

132 — Le Cornard volontaire, — L'Ecole des Marys, — Evénement miraculeux. Trois pièces images populaires.

133 — Dragons de Mgr le duc de Penthièvre en garnison à Quimper (Bretagne). Affiche de recrutement, coloriée.

134 — Annonces et affiches administratives et autres. Trois pièces.

135 — Jeu de la Révolution française, tracé sur le plan du jeu d'oye renouvelé des Grecs. Grande pièce coloriée. Très belle épreuve, toute marge. Rare.

136 — Les Délassements du père Gérard, ou la Poule de Henri IV, mise au pot en 1792. Jeu national, — Jeu national de l'oie, — Nouveau jeu de la Chouette. Trois pièces coloriées.

DUCHEMIN (R.)

137 — Louis XVI, roi d'un peuple libre, d'après Carême, — Louis XVI, roi des Français, à cheval. Deux pièces in-4, dont une coloriée sans noms d'artiste.

DUFLOS (P.)

138 — *Louis XVI*, roi de France, en pied et grand costume de cour. In-fol. en couleur. Superbe épreuve avant la lettre, marge.

139 — *Marie-Antoinette*, reine de France, debout, en pied et grand costume de cour, d'après Mme Le Brun. In-fol. en couleur. Superbe épreuve, marge.

DUFOUR (à Paris, chez)

140 — Retour des Héroïnes parisiennes après l'expédition de Versailles, 5 octobre 1789. Pièce coloriée. Rare.

DUGOURE (d'après D.)

141 — L'amour triomphant, en couleur. Très belle épreuve.

142 — La Poule au pot, par David. Belle épreuve.

DUMOULIN (R.-L.)

143 — Mort de Marat. Très belle épreuve, marge.

DUPLESSIS-BERTAUX (J.)

144 — Fête dédiée à la vieillesse, d'après Wille fils. Très belle épreuve avant la lettre, coloriée et gouachée.

DUPLESSIS (A.)

145 — La Révolution française. Grande pièce allégorique avec légende explicative en bas. Très belle épreuve, toute marge.

DUPONCHELLE

146 — *Marie-Antoinette*, reine de France. In-4. Très belle épreuve, grande marge.

147 — *Marie-Antoinette*, reine de France. In-4. Très belle épreuve imprimée en sanguine, toute marge.

ESNAUTS ET RAPILLY (chez)

148 — Unité et indivisibilité de la République. Deux médaillons en couleur imprimées sur une même feuille.

ESPINASSE (d'après B.)

149 — Les premiers Martyrs de la liberté française, ou le Massacre de la Garde nationale de Montauban, le 10 mai 1790. Gravé par J.-B. Simonet. Très belle épreuve, toute marge.

FRAGONARD (d'après H.)

150 — La Coquette fixée, par Couché et Dambrun. Superbe et rare épreuve avant la dédicace, toute marge.

151 — La Fontaine de l'Amour, par N.-F. Regnault. Superbe épreuve avant la lettre, toute marge.

GARDNER (d'après C.)

152 — La Zingara, par T. Watson. Belle épreuve en couleur. Marge.

GARNERAY (F.)

153 — Jean *Jacob*, âgé de 120 ans. In-folio en couleur. Belle épreuve.

GAUCHER (Ch.-Et.)

154 — *Du Barry* (la comtesse), d'après Drouais. In-8. Superbe épreuve avec la date 1770.

GAUTHIER-DAGOTY

155 — Buste de la Vierge, — Tête de vieillard, — Pêches. Trois pièces imprimées en couleur.

GENISSON

156 — Serment civique du village de N..., en février 1790. Très belle épreuve imprimée en bistre, toute marge.

GÉRARD (d'après Mlle)

157 — Le Triomphe de Minette, par Vidal. Très belle épreuve avant la dédicace, en couleur. Marge.

GÉRICAULT (TH.)

157 *bis* — Le Factionnaire suisse au Louvre (14 r. r.). Superbe épreuve. Rare.

GERMAIN (P.-F.)

158 — Siège de la Bastille, le 14 juillet 1789. Très belle épreuve, toute marge. Rare.

159 — Journée du 25 Juin 1791. Le Roi arrivant de Varennes à Paris. Très belle épreuve. Marge.

GILLRAY

160 — Caricatures sur Napoléon, Dumouriez, etc. Six pièces coloriées.

GIRARD (à Paris, chez)

161 — Offrande à la Patrie. In-8. Très belle épreuve imprimée en couleur. Marge.

GIRARDET

162 — Les Premiers jours de may en 1791, à Paris, ou la liberté des entrées. Deux pièces sur le même sujet, dont une grande coloriée, sans nom d'auteur. Belles épreuves.

163 — Vue du Champ de Mars, le 14 juillet 1790. Trois pièces sur le même sujet, dont deux médaillons en couleur, sans noms d'artistes.

GIRARDET ET GAITTE

164 — Siège de la Bastille, le 14 juillet 1789, — Plan de la Bastille. Deux pièces. Très belles épreuves.

GREEN (V.)

165 — *Genlis* (Étiennette-Félicité Ducrest, comtesse de), d'après de Myris. In-fol. en manière noire. Très belle épreuve. Rare.

GUERAIN (d'après)

166 — Le Trente-un, ou la maison de prêt sur nantissement, gravé par L. Darcis. Bonne épreuve, en couleur.

GUÉRIN (d'après)

167 — Portraits des généraux *Andreossy*, — *Bernadotte*, — *Ferino*, — *Gouvion-Saint-Cyr*, — *Kléber*, — *Lecourbe*, *Moreau*, — *Sainte-Suzanne*. Huit portraits in-4, gravés par Fiésinger. Très belles épreuves, toutes marges.

GUYOT

168 — Action des Français et Autrichiens. Arrivée, le 6 novembre 1792, à l'Écluse de Cuesmes, sur la route de Jemmapes à Mons, — Action du 6 novembre 1792. Bataille dans les bois de Flana, sur la gauche de Jemmapes, près Mons. Champ de bataille gagné par les Français sur les Autrichiens. Deux pièces faisant pendants. Superbes épreuves imprimées en couleur. Marges.

169 — Arrivée du Roi à Paris le 6 octobre 1789. Très belle épreuve imprimée en couleur. Marge.

170 — Le prince Lambesc aux Thuileries. Très belle épreuve imprimée en couleur, toute marge.

171 — Bas-reliefs de l'Autel de la Patrie. Deux pièces faisant pendants. Très belles épreuves.

172 — Fêtes et Promenades champêtres. Cinq médaillons en couleur sur une même feuille. Belle épreuve.

173 — Jeune élégant se promenant au Palais-Royal, d'après L. Watteau. In-8 en couleur. Très belle épreuve.

174 — La Journée mémorable du mardi 14 juillet 1789. Très belle épreuve imprimée en bistre. Rare.

175 — Le Mai des Français ou les entrées libres. Très belle épreuve imprimée en couleur. Rare.

176 — Offrande des Dames chanoinesses de Sainte-Aldegonde de Maubeuge à la Patrie, — Offrande des Françaises et Français à la Patrie. Deux pièces. Très belles épreuves en couleur.

177 — Prise d'armes aux Invalides, — Prise de la Bastille. Deux pièces faisant pendants. Superbes épreuves imprimées en couleur, toutes marges.

GUYOT

178 — Tour du Temple, ou nouveau logement occupé par Louis XVI, le 13 août 1792. In-4. Très belle épreuve imprimée en bistre.

179 — Vue prise du second pont-levis de la Bastille. Très belle épreuve, imprimée en bistre.

180 — *Arouet de Voltaire* (F.-M.). In-4, en bistre. Très belle épreuve, grande marge.

181 — *Mirabeau* (Honoré-Riquetti). Buste au milieu de figures allégoriques, d'après Moreau. In-fol. Très belle épreuve imprimée en bistre.

GUYOT (A Pairs, chez)

182 — L'Assemblée des notables, tenue à Versailles le 22 février 1787; en bas, le discours du Roi. Pièce imprimée en bistre. Très belle épreuve. Rare.

183 — La Fuite à dessein ou le parjure Louis XVI. Très belle épreuve imprimée en bistre. Marge.

184 — Première attaque de la Bastille, prise d'assaut en trois heures de temps, le 14 juillet 1789. Pièce ovale in-4, en largeur, imprimée en couleur. Très belle épreuve. Marge.

HOFFMANN

185 — Lafayette, représenté debout, vu de face. In-4 colorié.

HOPPNER ET BEECHY (d'après)

186 — The Show, — The Gypsy fortune Teller. Deux pièces faisant pendants, gravées par J. Young. Très belles épreuves en couleur.

HUET (d'après J.-B.)

187 — Ce qui est bon à prendre est bon à garder, par A. Chaponnier. Très belle épreuve avant la lettre, en couleur, toute marge.

HUET (d'après J.-B.)

188 — Louis XV et ses enfants, représentés en bustes dans des médaillons suspendus à un arbre et entourés d'amours, gravé aux trois crayons par Briceau. In-fol. Superbe épreuve. Très rare.

189 — Le Maître de dessin, par L. Bonnet. Très belle épreuve, imprimée en couleur.

190 — Le Tambour national, — Le Drapeau national. Deux pièces gravées sous la direction de Bonnet, et imprimées en couleur. Très belles épreuves.

191 — Différents trophées, gravés à la sanguine par Demarteau. Sept pièces de deux cahiers différents. Très belles épreuves, toutes marges.

HUMBLOT

192 — Hôtel de Soissons établi pour le commerce du papier en 1720. Très belle épreuve avant la lettre,

193 — Rue Quincampoix, en l'année 1720. Très belle épreuve, avant l'inscription dans la marge du bas.

INCROYABLES

194 — Les Effroyables, — La Danse incroyable. Deux pièces faisant pendants, coloriées. Très belles épreuves.

195 — Faites la paix, par Levilly. Très belle épreuve en couleur, toute marge.

196 — Faites la paix. Belle épreuve, en couleur. Marge.

197 — Oh! c'est incroyable; voilà La Fleur, mon ci-devant valet, — Quoy, à pied, citoyenne française? où est donc votre carrosse? Deux pièces de forme ovale, coloriées. Très belles épreuves.

IONXIS (J.-P.)

198 — Marie-Antoinette conduite à la charrette, qui doit la porter à la guillotine, d'après Guylenburg. Très belle épreuve avant la lettre.

ISABEY (d'après J.)

199 — *Marie-Louise*, impératrice, gravé par Monsaldy. In-4. Très belle épreuve imprimée en couleur.

JANINET (F.)

200 — L'Oiseau privé, d'après Lagrenée. Très belle épreuve avant toutes lettres, imprimée en couleur.

201 — La Tendre amitié, d'après Doublet. Superbe épreuve avant toutes lettres, imprimée en couleur.

202 — Venus en reflexion, d'après Charlier. Superbe épreuve imprimée en couleur, avant toutes lettres.

203 — La porte du cabaret, d'après Ostade. Superbe épreuve avant toutes lettres, imprimée en couleur.

204 — Projet d'un palais de législature, d'après Florentin Gilbert. Très belle épreuve imprimée en couleur.

205 — Machine proposée à l'Assemblée nationale pour le supplice des criminels, par M. Guillotin. In-4. Très belle épreuve, marge.

206 — Gravures historiques des principaux événements de la Révolution, depuis l'ouverture des États-Généraux. Vingt-huit pièces. In-8. Très belles épreuves.

207 — *Franklin* (B.). In-fol. Très belle épreuve avant toutes lettres, imprimée en couleur.

207 *bis* — Mme *Bertin*, modiste de la reine Marie-Antoinette. In-8. Très belle épreuve imprimée en couleur, montée en dessin. Rare.

JANINET (à Paris, chez)

208 — La Naissance de Monseigneur le Dauphin. Allégorie avec le portrait du roi. Très belle épreuve.

209 — Pièce allégorique avec cette légende : *De ses jours précieux, pour assurer le cours, la Fidélité veille et veillera toujours*. En couleur. Très belle épreuve, marge.

JAPONAISES (gravures)

210 — Scènes et costumes du Japon. Dix pièces, en anciennes épreuves.

JEAN (à Paris, chez)

211 — Famille royale de France. In-fol. En couleur. Très belle épreuve.

LARMESSIN (N. DE)

212 — *Marie-Thérèse* d'Autriche, reine de France. In-fol. Très belle épreuve. Rare.

LAVREINCE (d'après N.)

213 — Le Billet doux, par N. de Launay (10). Superbe épreuve, toute marge.

214 — La Comparaison, par Janinet. Superbe épreuve imprimée en couleur.

215 — La Consolation de l'absence, par N. de Launay (14). Superbe épreuve, toute marge.

216 — Les Deux Cages, ou la plus heureuse, par de Bréa (19). Très belle épreuve en couleur, marge.

217 — Qu'en dit l'Abbé? par N. de Launay (51). Superbe et rare épreuve avec les armes, le titre et les noms des artistes, sans aucune autre lettre.

218 — Le Restaurant, par Deni (53). Très belle épreuve.

219 — La Soubrette confidente, par Vidal (61). Très belle épreuve, marge.

LE BEAU

220 — *Condé* (Louis Joseph de Bourbon, prince de). In-8. Très belle épreuve avant le numéro, toute marge.

221 — *Louis XVI*, — Marie-Antoinette. Deux portraits. In-4, en pied et grand costume de cour, d'après Le Clerc. Très belles épreuves, toutes marges.

222 — *Marie-Antoinette*. Dauphine de France, d'après Marillier. In-8. Très belle épreuve, marge.

LE BEL (à Paris, chez)

223 — Vue de la Nouvelle décoration de la foire Saint-Germain. Épreuve coloriée.

LE BRUN (d'après Mme Vigée-)

224 — *Marie-Antoinette*. Reine de France, gravé par Macret. In-4. Très belle épreuve avant la lettre.

LE CAMPION

225 — *Pétion de Villeneuve* (Jérôme), maire de Paris. In-4. Très belle épreuve.

LE CŒUR

226 — Bal de la Bastille : Ici l'on danse, d'après Swebach-Desfontaines. Très belle épreuve imprimée en couleur, marge.

227 — Serment fédératif du 14 Juillet 1790, d'après Swebach-Desfontaines. Très belle épreuve imprimée en couleur, toute marge.

228 — Fête du Sacre et Couronnement de leurs Majestés impériales, vue de la place de la Concorde, ornée des quatre salles de danse et du piédestal élevé au milieu, à l'instant où la fête commence pour la distribution des médailles. Gravé par Marchand. Très belle épreuve en couleur.

229 — Fête du Sacre et couronnement de leurs Majestés impériales, vue de la décoration élevée en face de la place de Grève, pour le feu d'artifice. Très belle épreuve, en couleur, marge.

LE CŒUR (à Paris, chez)

230 — Vue du jardin du Palais Royal, de ses bâtiments et galeries. Belle épreuve, en couleur.

LE GRAND (P.-F.)

231 — La Reine présente Monseigneur le Dauphin à la France, d'après Dardel. Très belle épreuve, marge.

LE GRAND (Augustin)

232 — *Arné* (Joseph), Grenadier, d'après Beauvais. In-4. En couleur. Très belle épreuve.

LELU (P.)

233 — Aux mânes de Mirabeau. Grande pièce allégogique. Très belle épreuve, toute marge.

LE PÈRE et AVAULEZ (à Paris, chez)

234 — Le Retour désiré, — Louis XVI rappelle son Parlement. Deux très belles épreuves, dont une noire et l'autre en bistre.

LEVACHEZ

235 — La Danse des chiens, d'après C. Vernet. Superbe épreuve, en couleur, toute marge.

236 — *Bonaparte*, premier Consul. In-8. En couleur. Très belle épreuve, marge.

237 — *Kléber*, général de l'armée d'Égypte. In-8. Très belle épreuve imprimée en couleur.

238 — *Louis XVI*, roi de France, d'après Duplessis. In 8. Superbe épreuve imprimée en couleur, grande marge. Rare.

239 — *Moreau* (Victor), général en chef de l'armée du Rhin. In-8, Superbe épreuve imprimée en couleur, marge.

240 — *Petion* (Jérôme), Député de Chartres, d'après Laplace. In-4. Très belle épreuve imprimée en couleur, marge.

241 — Le Comte de Provence, le Comte d'Artois et le Prince de Condé, représentés en buste dans un médaillon, imprimé en couleur. Très belle épreuve. Rare.

242 — Portraits de députés à l'Assemblée nationale. Dix pièces. Très belles épreuves.

LEVACHEZ et DUPLESSIS-BERTAUX

243 — Portraits des principaux personnages de la Révolution, accompagnés des scènes gravées à l'eau-forte par Duplessis-Bertaux. Trente-sept pièces. In-fol. Très belles épreuves.

MALLET (d'après)

244 — Le Culte naturel. Très belle épreuve, en couleur.

MARIAGE

245 — *Corday* (Charlotte). In-4. Très belle épreuve, toutes marges.

MARTINET (à Paris, chez

246 — Les Musards de la rue du Coq. Belle épreuve, coloriée.

MARTINI

247 — Naissance de Monseigneur le Dauphin. Très belle épreuve, avant toutes lettres.

MEUSNIER ET GAUCHÉ

248 — Plan général du Champ de Mars et du nouveau Cirque, le 14 juillet 1790, — Confédération nationale au Champ-de-Mars à Paris, le 14 juillet 1790, — Zèle patriotique des Dames françaises. Ces deux dernières pièces coloriées, sans noms d'artiste. Trois pièces.

MIGER

249 — *Dubois-Crancé*, Député du bailliage de Vitry, d'après David. In-4. Très belle épreuve, marge.

MOND'HARE (à Paris, chez)

250 — Déclaration des Droits de l'homme et du citoyen, en haut, en buste, le portrait de Mirabeau. Belle épreuve, toute marge.

251 — Déclaration des Droits de l'homme et du citoyen, — Système astronomique de la Révolution française. Deux pièces. Très belles épreuves.

252 — Prise de la Bastille, le 14 Juillet 1789, par les citoyens et les ci-devant Gardes françaises. Grande pièce en largeur. Très belle épreuve, marge.

253 — *La Motte-Piquet* (C. Guillaume de). Chef d'escadre. In-fol., en pied. Très belle épreuve, coloriée.

MONET (d'après C.)

254 — Trois pièces des journées de la Révolution, dont une très rare avant toutes lettres, à l'état d'eau-forte. Très belles épreuves.

MOREAU (J.-M.)

255 — Ouverture des États-généraux à Versailles, le 5 mai 1789, — Constitution de l'Assemblée nationale et serment des députés qui la composent, à Versailles, le 17 juin 1789. Deux pièces faisant pendants. Très belles et rares épreuves avec les noms des personnages composant ces deux assemblées, dans les marges du bas.

256 — *Louis XVI*. Reproduction d'une médaille d'après Duvivier, publiée à l'occasion du sacre du Roi. Très belle épreuve.

MOREAU (d'après J.-M.)

257 — A un peuple libre. Pièce allégorique où sont représentés Louis XVI et Bailly, gravé par Dambrun. Superbe épreuve avant la lettre, marge,

258 — En-tête pour oraison funèbre de Louis XV, gravé par Lempereur. Belle épreuve tirée hors texte, toute marge.

MORGHEN (Raphael)

259 — Jeanne d'Aragon, d'après Raphaël. Superbe épreuve avant toutes lettres, grande marge.

MORLAND (d'après G.)

260 — A visit to the child at Nurse, gravé par W. Ward. Très belle épreuve en couleur, marge.

MOZARD (à Paris, chez)

261 — Douze médaillons sur une même planche, pour enveloppes de bonbons, en couleur, marge.

NÉE

262 — Chambre du cœur de Voltaire, d'après Duché. Très belle épreuve.

NIQUET

263 — Déclaration des Droits de l'homme, à droite, une danse autour de l'Arbre de la Liberté. Très belle épreuve.

PALLOY

264 — Déclaration des Droits de l'homme et du citoyen, en couleur. Belle épreuve. Rare.

PATAS (à Paris, chez)

265 — Ouverture des États-généraux à Versailles, le V mai 1789. Très belle épreuve avec marge. Rare.

PAUQUET

266 — *Catherine II*, impératrice de Russie, d'après Marillier. In-4. Très belle épreuve, toute marge.

PELLEGRINI (d'après)

267 — Le Dauphin enlevé à sa mère, gravé par Verhelst. Très belle épreuve en couleur, marge.

PERNET (d'après)

268 — Vue de la Bastille du côté du jardin, on voit les deux portes, — Vue de la Bastille prise de la galerie en face du boulevard. Deux médaillons gravés en couleur par Roger, sur une même planche. Très belle épreuve.

PICQUENOT

269 — La Philosophie et le patriotisme vainqueurs des préjugés, d'après Maréchal. Très belle épreuve, toute marge.

PILLOT

270 — Déclaration des Droits de l'homme et articles de la Constitution. Très belle épreuve, marge.

PRIEUR ET GIRARDET

271 — Marat assassiné dans son bain. Epreuve avant la lettre, — Motion faite au Palais-Royal, par Camille Desmoulins, — Pillage de la maison de Saint-Lazare, — Pacte fédératif des Français le 14 juillet 1790. Quatre pièces.

QUEVERDO

272 — Vue du château de Ferney à M. de Voltaire, du côté du nord, d'après Siguy, — Portrait et allégorie relatifs à Voltaire. Trois pièces.

QUEVERDO (d'après)

273 — Charlotte Corday dans sa prison, écrivant sa lettre à son père; en dessous, la scène de l'assassinat. Très belle épreuve en couleur, grande marge.

RÉVOLUTION (pièces anonymes de l'épaque de la)

Pièces satiriques sur la famille royale.

274 — Les Animaux rares, ou la translation de la ménagerie Royale au temple, le 20 août 1792. Très belle épreuve. Rare.

275 — Le ci-devant grand couvert de Gargantua moderne en famille. Grande pièce coloriée, avec légende. Très belle épreuve, toute marge.

276 — Le Crible de la Révolution. Jolie pièce in-8, imprimée en bistre. Très belle épreuve. Rare.

277 — Les Deux font la paire. Caricature où la figure de Louis XVI est représentée sur le corps d'une truie. Pièce coloriée. Rare.

278 — Les Deux ne font qu'un. Les figures de Louis XVI et de Marie-Antoinette sur les corps d'un bélier et d'une louve. Très belle épreuve, coloriée. Rare.

279 — La famille Royale réunie. Le Roi joue avec un garde du corps. Pièce coloriée. Rare.

280 — La famille des cochons ramenée dans l'étable. Pièce satyrique sur la famille royale, coloriée. Rare.

281 — La famille Royale dans un égout. Pièce in-8, imprimée en bistre. Très belle épreuve. Rare.

282 — Figure de Marie-Antoinette sur le corps d'une louve, médaillon rond. Très belle épreuve, marge.

RÉVOLUTION (pièces anonymes de l'époque de la)

Pièces satiriques sur la famille royale.

283 — La figure de Louis XVI sur le corps d'un cochon qu'un paysan ramène du marché. Très belle épreuve coloriée, toute marge.

284 — Grand combat à mort, pièce satyrique où est représentée la Reine terrassée par un taureau. Très belle épreuve. Rare.

285 — J'en ferai un meilleur usage et je saurai le conserver. Pièce critique sur la famille royale. Très belle épreuve, coloriée, toute marge.

286 — Louis XVI jouant aux cartes avec un sans-culotte, — Le roi Janus, ou l'homme à deux visages, — Monsieur Veto, etc. Quatre pièces. Très belles épreuves.

287 — Louis XVI et Marie-Antoinette agenouillés de chaque côté d'un médaillon portant cette inscription : *La Loi et la Nation*, — Louis Le Faux. Buste de Louis XVI dans un médaillon. De chaque côté sont représentés, debout, le père Duchesne et Jean Bart. Deux pièces faisant pendants. Très belles épreuves, toutes marges.

288 — Marie-Antoinette sortant d'un puits, réprimandée par Marie-Thérèse. Belle épreuve, coloriée.

289 — A Mons. L'Aveugle mal conduit. Pièce coloriée. Rare.

Pièces diverses.

290 — L'abbé Grimaud pleure ses bénéfices, — Les Aristocrates aux capucins, — Le Mariage de sœur Giroflée avec sœur Paquette, — Réforme de différents droits féodaux et de la dîme le 11 août 1789, — Les après du bal, etc. Six pièces coloriées. Très belles épreuves.

291 — Abus constitutionnels, — Grand retour du ministre Linotte, — Le ministre Grave, directeur du spectacle, — Ah ! ça va mal. Quatre pièces. Très belles épreuves. Rares.

292 — L'accomplissement du vœu de la Nation. Vue de la procession de l'ouverture des États-généraux sortant de

RÉVOLUTION (pièces anonymes de l'époque de la)

Pièces diverses.

Notre-Dame pour aller à Saint-Louis, prise de la place Dauphine, à Versailles, le 4 mai 1789. Grande pièce en largeur. Très belle épreuve.

293 — Les Adieux de Louis XVI à sa famille. Très belle épreuve avant toutes lettres, imprimée en couleur.

294 — Adoration des patriotes à l'aspect d'un gros sous, — La liberté des entrées par la barrière d'Enfer le 1er May 1792, Vue de la ville de Lyon. Trois pièces, dont deux coloriées.

295 — Ah! le bel enfant! embrassez maman, nourrice, — Un barbier rase l'autre, — Allons, plus de distinction; ce malheur commun nous rend égaux, — Quel malheur, plus d'indigestion! — Au grand magasin de thériaque, — Passage du pont d'Arcole, etc. Sept pièces, dont cinq coloriées.

296 — Ah! il est temps que chacun fasse son métier et les vaches seront bien gardées, — Le conclusum de la diète, — L'Expirante Targinette, — Héritiers de la Constitution, — Les braves Brigands d'Avignon, — Le guerrier constitutionel. Six pièces. Très belles épreuves.

297 — Armes royales, — La France reçoit des trois Ordres les vœux de toute la Nation et les présente à Louis XVI et à M. Necker, — L'œuf à la coque. Trois pièces. Très belles épreuves.

298 — Arrestation de Louis XVI à Varennes, — Le Sans-Culotte dansant la Carmagnole. Deux pièces coloriées.

299 — L'attaque de la Constitution, — Défaite des Contre-Révolutionnaires. Deux grandes pièces coloriées, avec légendes en bas. Très belles épreuves, toutes marges.

300 — Avant-garde du Pape, ou l'incroyable à Rome, — Départ des héroïnes de Paris pour Versailles, le 5 octobre 1789, — Consultation de la Faculté sur la maladie de la princesse l'aristocratie, jugée incurable, — La Journée mémorable de Versailles, le lundi 5 octobre 1789,

RÉVOLUTION (pièces anonymes de l'époque de la)

Pièces diverses.

— Banquet des Gardes du corps, le 31 septembre 1789, — M. Mirabeau prêt à partir pour Aix-la-Chapelle, coeffé du chapeau de l'aristocratie par son ami et collègue l'abbé Maury. Six pièces coloriées. Très belles épreuves. Rares.

301 — Le Bacquet de M. Mesmer, — Têtes à changer, — Fait miraculeux arrivé à Paris l'an du Salut, 1791, le six avril. Trois pièces coloriées.

302 — Balance éligible du Marc d'Argent, — Ah! quelle affreuse bourasque, — Le Père Duchène et Jean Bart, — La France, soutenue par MM. Bailly et de La Fayette, sort glorieuse du tombeau creusé par le Despotisme ministériel, etc. Cinq pièces coloriées. Très belles épreuves.

303 — Le Bon Sans-Culotte, — Madame Sans-Culotte. Deux pièces in-4, en couleur, faisant pendants. Très belles épreuves. Marges.

304 — Brissot mettant ses gants, — Trésorerie nationale, — Où alliez-vous, monsieur l'Abbé, — L'Anarchie, — Constitution d'Angleterre, etc. Six pièces. Très belles épreuves.

305 — La Brûlure; le Pape brûlé en effigie. Grande pièce coloriée, avec légende. Très belle épreuve, toute marge.

306 — Ci-devant duc d'Aiguillon, — Riquetti cravate, — La Grande Foire remportée par Brunswick en France. — Voilà le costume désiré. Quatre pièces coloriées. Très belles épreuves.

307 — Le Compte rendu, — Terre des esclaves et Terre de la liberté, — La Fée patriote, par Vanvelde. Trois pièces. Belles épreuves.

308 — Conduite du clergé en 1790, — Jadis je fus un bon gros moine, — Les Voyageurs de nuit, — Voilà ce que c'est que de les avoir trop longs, — Le Coup de filet, etc. Six pièces coloriées. Très belles épreuves.

RÉVOLUTION (pièces anonymes de l'époque de la)

Pièces diverses.

309 — Le Confesseur indulgent, — Dame aristocrate califourchonnée sur sa noblesse et trouvant mauvais que la canaille l'arrête dans sa marche, — Ah! ça ira... ça ira..., Le Français d'aujourd'hui, — Le Français d'autrefois, — Fameux Combat de Jean Bart; Le Père Duchène et et le Compère Mathieu contre trois aristocrates. Six pièces, dont cinq coloriées. Très belles épreuves.

310 — Le Conseil électoral, — Cruautés exercées à Gand sur les Brabançons. Deux pièces coloriées.

311 — La Contre-Révolution ratée, ou les Paniers percés. Grande pièce coloriée, avec légende en bas. Très belle épreuve, toute marge.

312 — La Contre-Révolution, — La Contre-Révolution ne serait-elle qu'une caricature. Deux pièces coloriées. Très belles épreuves.

313 — Au Coq André, rue de la Verrerie, — Information des 5 et 6 octobre 1789, — La Constitution entre les mains de Brissotin. Trois pièces. Belles épreuves.

314 — Le Corps aristocratique, sous la figure d'une femme expirant dans les bras de la Noblesse, — V'là un grand pas de fait, — Le Chasseur patriote, — L'Aristocrate charlatan, — Ils sont passés ces jours de fête, — Patience... ça ira : y ne faut que s'entendre. Six pièces coloriées. Très belles épreuves.

315 — Costume des trois ordres, — Convoi des abus, — Procession des Etats généraux. Trois médaillons coloriés. Rares.

316 — La Coupe des bois, — On me rase ce matin, je me marie ce soir, — Il faut rendre à César ce qui est à César, — La Discipline patriotique, ou le Fanatisme corrigé, etc. Cinq pièces coloriées. Très belles épreuves.

RÉVOLUTION (pièces anonymes de l'époque de la)

Pièces diverses.

317 — Cruautés exercées à Gand sur les Brabançons. — Journée du 13 avril, — L'abbé M. sortant du n° 21, rue Sainte-Anne, — La Devideuse patriotique, — Chassez le naturel, il revient au galop, — Punition de J.-F. Mauri, — Caricatures. Sept pièces coloriées. Très belles épreuves.

318 — Les Délassements du Palais-Royal. Le Biribi ou la Belle. Pièce coloriée. Rare.

319 — Dernier effort des Jacobins, — Les Parques nationales parisiennes, — Encore une fois : Gare aux faux pas, — Activité constitutionnelle de la Municipalité de Paris, — Digestion de la Constitution, — Je suis entre le peuple et la loi, — Halte-là, monstres. Sept pièces. Très belles épreuves.

320 — Description du Mont-Gibel. Description du plat pays. Description du mont Parnasse. Pièce in-fol. en largeur, avec légende en bas. Très belle épreuve, toute marge.

321 — Discours du Roi à l'Assemblée des Etats généraux tenue à Versailles le 4 mai 1789. Pièce coloriée, avec légende.

322 — Duel à outrance, tel qu'il a eu lieu sur le pont de Kiel, — Le général Bender faisant danser le général Gouine et le ministre Gravité, — Arme des aristocrates. Trois pièces.

323 — Duel à outrance, — Acte de justice du 9 au 10 thermidor. Deux pièces. Très belles épreuves.

324 — L'effet du patriotisme et l'activité des citoyens de Paris pour l'avancement des travaux du Champ de Mars destinés à la fête du 14 juillet 1790, — Magicienne consultée sur la Révolution de 1790. Deux pièces coloriées.

325 — L'Eléphant blanc, — La France et la Vérité. Deux pièces coloriées.

RÉVOLUTION (pièces anonymes de l'époque de la)

Pièces diverses.

326 — L'Enjambée impériale. Grande pièce coloriée. Très belle épreuve, grande marge.

327 — En reviendra-t-elle? — Ma finte, Monsieur, je crois que vot' habit d'officier m'irais ben, — Un seul fait les trois, — La Marque des sots, — le Fumeur patriote, — Les deux Diables en fureur, — MM. Delaunay, Flexelles, Foulon et les deux gardes du corps cherchent à se rendre aux Champs-Élysées. Sept pièces coloriées. Très belles épreuves, toutes marges.

328 — Envoi d'un supplément d'armée au ci-devant prince de Condé, par messieurs les noirs ou du cul-de-sac. Grande pièce coloriée, avec légende en bas. Très belle épreuve, toute marge.

329 — Étrenne aux fidèles 1792. Saint Veto, martyr. In-4, avec légende. Très belle épreuve. Rare.

330 — Étrennes aux patriotes, — Domine salvum fac regnum, — A l'éternelle mémoire de Louis-Philippe-Joseph, duc d'Orléans. Trois pièces. Très belles épreuves.

331 — Fête patriotique de la Montagne, — Des capitaineries et gardes de chasses délivrez-nous, Seigneur, — De la milice délivrez-nous, Seigneur, — L'Allégorie est assez claire pour se passer de commentaire, — Quand cera la poule au pot, — A bas les impôts ! — Six pièces coloriées. Très belles épreuves.

332 — La Foire de Coblentz, ou les Grands fantoccini français. Grande pièce coloriée, avec légende. Très belle épreuve, toute marge.

333 — Le Geova des Français, — Le Cauchemar de l'aristocratie, — Unité, Indivisibilité de la République. Liberté, Égalité, Fraternité ou la Mort. Trois pièces populaires en couleur. Rares.

RÉVOLUTION (pièces anonymes de l'époque de la)

Pièces diverses.

334 — La Graine de Niais, — Une femme consultant Nostradamus, — Fi donc, monsieur l'Emigrant... — Costume d'un Bénédictin porte-étendard des Croisés Belgique, — Costume d'un T. R. P. Capucin de l'armée des Croisés Belgique, — M. Brule-bon-Sens, agent des émigrés, — Mlle de Vieille-Allure. Sept pièces coloriées. Très belles épreuves.

335 — Grand convoi funèbre de leurs Majestés les Jacobins, — Scène après l'invasion des Iles Britanniques, — Caricature sur le gouvernement anglais. Trois pièces coloriées.

336 — Grand conseil des Emigrants. Pièce coloriée, avec légende en bas. Très belle épreuve, marge.

337 — Grand débandement de l'armée anticonstitutionnelle, — Citoyen né libre, — A beau mentir qui vient de loin, — Né pour la peine. Quatre pièces, dont trois coloriées.

338 — Le grand mal de cœur de Monseigneur, — Le Vendeur d'indulgences, — Le Tiers-Etat mariant les religieux avec les religieuses, — Enterrement du clergé, — La Religion paraît et l'Athéisme disparaît, etc. Cinq pièces coloriées. Très belles épreuves.

339 — Grande armée du ci-devant prince de Condé, — Chevaliers du poignard désarmés par ordre du Roi au château des Tuileries, le 28 février 1791. Deux grandes pièces coloriées. Très belles et rares.

340 — Grande colère du dieu La Fayette lors de l'affaire de Verdun, — Le Roi Soliveau, ou les Grenouilles qui demandent un roi, — Journée du 17 juillet 1791, — La Fayette traité comme il le mérite par les démocrates et les aristocrates, — Eh donc, coq co, — Le sans tort, — Départ du général Parisien pour la fameuse nuit du 5 au 6 octobre. Sept pièces satiriques très curieuses sur le général La Fayette. Très belles épreuves.

RÉVOLUTION (pièces anonymes de l'époque de la)

Pièces diverses

341 — Les Intrigants foudroyés. — Grands Envoyés extraordinaires de leurs Majestés les Jacobins pour le blanchissage de Jourdans et son armée, leurs confrères. — Le Pouvoir exécutif à cheval sur la Constitution, — Les Jacobins lavent leurs confrères galériens, soldats de Châteauvieux, — La Cause des Rois, etc. Six pièces. Très belles épreuves.

342 — Le Jeu de hazard, — Le Gouté patriotique, — La Maîtresse de Mirabeau tonneaux vivandière de l'armée. Deux pièces coloriées.

343 — Le joli Moine profitant de l'occasion, — Le Déménagement du Clergé, — L'abbé Raynal en délire. Trois pièces coloriées. Belles épreuves.

344 — Monsieur le franc de Pompignan, archevèque et comte de Vienne, — L'abbé Domino donnant ses leçons, — Ze ne suis pas zun terroriste, mais bien zun vendémiairiste, — L'homme aux six têtes, — Indigestion des Commissaires français, etc. Six pièces coloriées. Belles épreuves.

345 — Le Législateur la Resource, — Le Ministre linotte, — Grand-Maître de l'Ordre du Cordon gris en habit de cérémonie, — La Démission motivée du 17 avril 1792, — Le Coup de rabot. — Cinq pièces. Très belles épreuves.

546 — La Liberté triomphante, ou les sans cœurs terrassés, — La Désolation de l'armée prussienne battue, — A la Gloire du vertueux Péthion, père du peuple, — A la Gloire de Louis XVI. Quatre pièces, dont trois imprimées en bistre. Très belles épreuves.

347 — La Liberté, patronne des Français, avec légende, — La Balance de Thémis, — Branle d'Autun. Trois pièces. Très belles épreuves.

RÉVOLUTION (pièces anonymes de l'époque de la)

Pièces diverses.

348 — Ma finte, Monsieur, je crois que vot' habit d'officier m'irais ben, — Le Temps donnant les cendres à la noblesse et au clergé, — Ça durera-t-il, ça ne durera-t-il pas? — L'Orgue du Palais, ou le Temps perdu, — La Bénédiction des armes. Cinq pièces, dont quatre coloriées. Très belles épreuves.

349 — La Malice des filles envers les garçons, — La Malice des garçons envers les filles. Deux placards avec entêtes et bordures.

350 — Mane-Thecel, — Les trois ordres, — La France figurée sous un Globe, est soutenue du peuple. Trois pièces imprimées en bistre. Très belles épreuves.

351 — La Marque des sots, — La chasse aux Aristocrates, — Vous m'avez connu trop tard, — Décret de l'Assemblée nationale, — Vox populi, — Nouvelle place de la Bastille. Six pièces coloriées. Très belles épreuves.

352 — La Mascarade, — Il n'a qu'à venir, il sera traité de la sorte, — Envoi d'un supplément d'armée au ci-devant Prince de Condé par MM. les noirs ou du cul-de-sac. Trois pièces, dont deux coloriées.

353 — Le Ministre-Linotte, — La chute du ministre Linotte, — Mounier fuyant la lanterne, — D'animaux malfaisants c'était un très bon plat, — Activité constitutionnelle du commerce de Bordeaux, etc. Six pièces. Très belles épreuves.

354 — M. Mirabeau remettant à M. de Talleyrand, ci-devant évêque d'Autun son ouvrage sur les successions, — La conquête de l'Egalité. Deux pièces, dont une imprimée en bistre.

355 — Mirabeau et Voltaire, — La Démocratie tenant les droits de l'homme, — Plan de la Bastille, — Prise de la Bastille, — Destruction de la Bastille, — Adieu Bastille, — Bravo, vive la Constitution. Sept pièces coloriées Très belles épreuves.

RÉVOLUTION (pièces anonymes de l'époque de la)

Pièces diverses.

356 — Mort Héroïque du jeune Barras, — La noblesse tirée d'embarras par le clergé. Deux pièces, dont une imprimée en bistre. Très belles épreuves.

357 — Mort de Le Pelletier St-Fargeau, — Michel Le Pelletier sur son lit de mort, gravé par Boullay, d'après Caresme. Deux pièces. Très belles épreuves.

358 — Mort héroïque du général Moulins, — Fait historique arrivé à Avignon, — Liberté de la France. Trois pièces.

359 — Les Mortels sont égaux, ce n'est pas la naissance, c'est la seule vertu qui fait la différence, — Rien n'est plus certain, ils filent leurs cordes, courage il en faut beaucoup. Deux pièces coloriées, à toutes marges.

360 — Le nouvel astre français ou la Cocarde tricolore suivant le cour du Zodiaque, — Le Triomphe des patriotes, — Le Dégel de la nation. Trois pièces. Très belles épreuves.

361 — Le nouveau calvaire, — Il voudrait abattre ce qui le soutient. Deux pièces. La seconde imprimée en bistre. Très belles épreuves.

362 — Nouvelle poudre à la maréchal de la fabrique des Srs Bender et Cacacabeau, — Retour de conscience, — Le mea culpa de l'ambassandeur de Mme de Stale, — Le peintre amoureux de son modèle, etc. Cinq pièces. Très belles épreuves.

363 — L'œuf à la coque, — Aux trois obstinés, — Trois têtes sous le même bonnet, — Le triomphe des trois ordres. Quatre pièces imprimées en bistre. Très belles épreuves.

364 — L'offrande du Vatican ou des Princes, — Ne craignez rien, citoyens de Paris, la Bulle et le Saint Père n'ont rien à faire ici. Deux pièces coloriées, avec légendes en bas.

RÉVOLUTION (pièces anonymes de l'époque de la)

Pièces diverses.

365 — Le passe-temps agréable des habitants de la tour du Temple. Pièce coloriée. Très rare.

366 — Patience.. ça ira, y ne faut qu'sentendre, — Ils comptaient sur la peau de l'ours avant de l'avoir couché par terre, — La Liberté. Trois pièces coloriées.

367 — Patience Margot, j'auront ben-tôt 3 fois 8, — Je les donne au diable de bon cœur, — Monsieur des trois états, — Madame des trois états. Quatre pièces coloriées.

368 — Paul Barras, premier du nom, — Etrennes à M. Linguet et ses amis, — Le propagandier, — Le prince Lambesc aux Tuileries, — Intripidité d'un jeune homme de 20 ans, — Evénement du 30 avril 1792. Six pièces. Très belles épreuves.

369 — La petite pénitente, — La fête des bonnes gens. Deux pièces coloriées. Rares.

370 — Philippiques, — J'use tout mon savon et ne puis vous blanchir. Deux pièces satyriques sur le duc d'Orléans. Très belles épreuves.

371 — Pierre Ancise rendu aux citoyens en août 1789, — Exécution de Monsieur le marquis de Favras, — Vue de la place sainte Catherine de Moissac, gravé en couleur par Guyot. Trois pièces coloriées. Très belles épreuves.

372 — Pierre Ancise rendu en août 1789. Pièce imprimée en bistre avec légende en bas.

373 — Pompe funèbre de très haut, très puissant et magnifique Clergé de France, In-4 en bistre, Très belle épreuve.

374 — Présentation des hacquenées au St-Père, — L'entrée du Pape à Meleck, ou le transport du Saint Siège en Allemagne. Deux pièces coloriées, avec légendes. Très belles épreuves.

RÉVOLUTION (pièces anonymes de l'époque de la)

Pièces diverses.

375 — Prêtre patriote prêtant de bonne foi le serment civique, — La graine de niais, — Assignats, — Trompe-l'œil où sont représentés quelques personnages de la Révolution. Quatre pièces. Très belles épreuves.

376 — La querelle des chats et des rats de cave, — Tronc national des dames françaises. Deux pièces coloriées. Belles épreuves.

377 — Quid sum, — Vanité des vanités, tout n'est que vanité, — Jean qui pleure et Jean qui rit, — Dernière procession constitutionnelle pour l'enterrement du serment civique qui se fera le... 1792, — Heum, si je l'avais prévu, ils ne m'ont laissé que deux chicots. Cinq pièces coloriées. Très belles épreuves.

378 — Les réfractaires allant à la terre promise. Grande pièce coloriée, avec légende. Très belle épreuve, toute marge.

379 — Réponse à l'auteur de la chronique qui appelle bombe, la Bulle du Pape, — Arrivée du Pape au Paradis. Deux pièces coloriées.

380 — Reproduction du recto et verso d'une médaille sur la mort de Mirabeau. Deux médaillons en couleur sur une même planche, — Liberté, la main appuyée sur un médaillon où sont représentés Marat et Lepelletier, — Martyrs de la liberté. Trois pièces. Très belles épreuves.

381 — Résultat du pacte fédératif, ou jour mémorable du 14 juillet 1780. In-4 en largeur, coloriée.

382 — La réunion fait la force, — Honni soit qui mal y pense. Deux pièces imprimées en bistre. Très belles épreuves.

383 — Réunions des trois ordres, — Le temps présent veut que chacun supporte le grand fardeau, — Le noble pas de deux, — Cette fois-ci, la justice est du côté du plus fort, — Chantons, célébrons, la réunion des trois ordres. Cinq pièces coloriées. Très belles épreuves.

RÉVOLUTION (pièces anonymes de l'époque de la)

Pièces diverses.

384 — Revue générale du petit Condé. Grande pièce coloriée, avec légende. Très belle épreuve, toute marge.

385 — Riquetti — Cravatte, — Mirabeau — Tonneau. Deux pièces coloriées.

386 — Saute Marquis... et toi hipocrite, — Le temps passé n'est plus, — Il faut faire trois choses, — Réunion des trois ordres, — Par moi vous êtes tous frères. Cinq pièces coloriées. Très belles épreuves.

387 — J'savais ben qu'jaurions not tour, — Il faut espérer que se jeu la finira bentôt. Quatre pièces sur les mêmes sujets. Très belles épreuves coloriées.

388 — Scène des Pages au premier acte de la journée de Louis XII, — Les dames de la Halle de Paris, vont complimenter la Reine aux Tuileries, — Usage des nouvelles mesures, — Vue brillante de l'anniversaire du 14 juillet 1801, — Grande distribution de vin aux Champs-Elisées. Cinq pièces, dont quatre coloriées.

389 — Serment prêté dans le jeu de Paume, à Versailles 20 juin 1789. Deux pièces sur le même sujet. Très belles épreuves, grandes marges.

390 — Le sistématique, — L'acheté, — L'indépendant, — L'exclusif, — L'enrichi. Cinq pièces coloriées. Belles épreuves.

391 — Subsistances portées par le Duc d'York à Toulon, — Le Duc d'York, avec sa chimère, roi des sections de Toulon, Lyon, etc, — Pièce satyrique sur le Gouvernement anglais. Trois pièces coloriées. Belles épreuves.

392 — Sujet de la sainte colère de l'Evêque du Calvados contre les prêtres réfractaires, — Voilà ce que c'est que d'en avoir trop, — Les accapareurs d'argent, — Le dentiste national, — Mgr après une si longue et si grasse indigestion, les médecins vous ordonnent la disette, etc. Six pièces coloriées. Trés belles épreuves.

RÉVOLUTION (pièces anonymes de l'époque de la)

Pièces diverses.

393 — Des suppots de la chicane, délivrez-nous Seigneur, — Agricola viala, — Courier extraordinaire portant à Monsieur, la nouvelle de sa déchéance à son droit à la régence, — Danse du sans-culotte. — Séance du 19 juin 1790, — Ah Dieu le vent m'emporte. Six pièces colories. Très belles épreuves.

394 — Tableau allégorique de la restauration de la liberté des français, avec le buste du Roi. In-fol. Très belle épreuve, toute marge.

395 — Le temps présent, — Le concert, — Entre nous trois pas de façon, — Le gouté patriotique, — Le maître de danse des aristocrates. Cinq pièces coloriés. Très belles épreuves.

396 — Terre de la liberté et de l'égalité, — Pacte tacite entre le roi et la nation, — Constitution de la France. Trois pièces, dont deux coloriées.

397 — Tiers-état, — C'est ainsi qu'on se venge des traîtres, — Le despotisme aboli, — Liberté, égalité, 1792, — J'attends l'événement pour me décider, — Qu'il est doux de souffrir pour la patrie. Six pièces en noir ou coloriées. Belles épreuves.

398 — La toilette. Très belle épreuve avant toute lettre. Marge.

399 — Touchez là M. l'curé j'savais ben qu'vous seriais des nôtres. Jolie pièce imprimée en couleur. Très belle épreuve, marge.

400 — Touchez là, monsieur l' curé, je savais ben qu' vous seriais des nôtres, — L'Ancien pouvoir des deux ordres, — Epoque du 10 Août 1792, — L'Idole renversée. Quatre pièces, dont trois coloriées.

401 — Trait héroïque d'une citoyenne de la Vendée, — Echantillon de l'affaire de Mons, — L'Humanité courageuse. Trois pièces. Très belles épreuves.

RÉVOLUTION (pièces anonymes de l'époque de la)

Pièces diverses.

402 — Le Traité de paix avec Rome. Très belle épreuve, marge.

403 — Unité et indivisibilité de la République. Pièce rare coloriée, imprimée au verso d'une feuille de coiffures de Desrais.

404 — Les Visites du jour de l'an au Roi, avec le quart de leur revenue. Belle épreuve, coloriée.

405 — La Victoire, aux mânes de Pelletier et Marat, — La République, aux mânes de Chalier et Barra. Deux pièces faisant pendants, coloriées. Très belles épreuves.

406 — Vive la liberté, — Ramasse ton bonnet, — La Loi, — La République triomphante, par Darcis, — Le Gœova des Français, — Déclaration des droits de l'homme, chez Villeneuve, etc. Huit pièces en noir et coloriées.

407 — Vue de la place de Grève, le jour de la prise de la Bastille. Image populaire en noir. Belle épreuve, marge.

408 — Vue du plan du champ de Mars tel qu'il a été décoré pour la Confédération du 14 juillet 1790, — Aux bons citoyens travailleurs du Champ de Mars, — Cupidon tambour-major national. Trois pièces, dont deux coloriées.

409 — *Bailly*, maire de Paris. Trois portraits différents, dont deux en pied, coloriés.

410 — *Chalier* (Joseph). In-fol. comme papier peint.

411 — Portraits des amis du Thiers. Lafayette et l'abbé Grégoire. Image populaire, coloriée.

412 — Le Pelletier (Michel). Image populaire in-fol. coloriée.

413 — Lepelletier et Marat, en bustes, dans un même médaillon. Belle épreuve.

RÉVOLUTION (pièces anonymes de l'époque de la)

Pièces diverses.

414 — Louis XVI, Marie-Antoinette et le Dauphin dans un médaillon posé sur un bas-relief où est représentée la scène des adieux. In-8 en couleur. Très belle épreuve, marge.

415 — Louis Seize, Roi des Français, coiffé du Bonnet de la liberté. In-4. Très belle épreuve.

416 — Louis XVI, couvert du bonnet de la liberté. Buste dans un petit médaillon imprimé en couleur. Très belle épreuve. Rare.

417 — Louis-Charles de France, né le 27 mars 1785. In-8, colorié. Très belle épreuve. Rare.

418 — Louis-Charles de France, Dauphin, tenant un bouclier sur lequel sont représentés le Roi, la Reine et Madame. In-8, en bistre. Très belle épreuve.

419 — Marie-Thérèse-Charlotte, fille de Louis XVI. In-4, en couleur. Très belle épreuve, marge.

420 — *Mirabeau* (Honoré-Gabriel, comte de). Buste au milieu de figures allégoriques. Très belle épreuve, toutes marges.

421 — *Mirabeau* (H.-G. Riquetti, ci-devant comte de). In-fol. en manière noire. Très belle épreuve, toute marge.

422 — Portraits de personnages de la Révolution. Seize portraits imprimés sur trois feuilles. Très belles épreuves, toutes marges.

REYNOLDS (d'après SIR J.)

423 — *Scheridan* (M^rs), gravé par Watson. Très belle épreuve imprimée en bistre, marge.

RIDE

424 — Marguerite d'Anjou, Reine d'Angleterre, d'après Sergent. In-4. Très belle épreuve imprimée en couleur, avant toutes lettres, marge.

SAINT-AUBIN (Aug. de)

425 — Médaille de représentant du peuple, recto et verso, gravés sur une même planche. Très belle épreuve, marge.

SAINT-AUBIN (d'après Aug. de)

426 — La Jardinière, — La Savonneuse. Deux pièces faisant pendants, gravées par Julien et Morret. Très belles épreuves imprimées en couleur.

SAINT-NON

427 — Le Docteur Franklin couronné par la Liberté. Très belle épreuve, coloriée.

SAINT-QUENTIN et **MONET** (d'après)

428 — Les Garants de la félicité publique, — Les Vœux du peuple confirmés par la Religion. Deux pièces faisant pendants, gravées par Née et Masquelier. Très belles épreuves, toutes marges.

SAYER (R.)

429 — A Young Hussey charging old toothless with an impossibility or the cracked pitcher. Très belle épreuve en couleur. Rare.

SCHALLE (d'après)

430 — Le Panier renversé, par L. Buisson. Très belle épreuve avant toute lettre, coloriée.

SCHIAVONETTI (N.)

431 — Mort de Jean-Paul Marat, d'après Pellegrini. Très belle épreuve.

SERGENT (A.)

432 — Vue de la Tour et rotonde du Temple. In-8 de forme ronde. Très belle épreuve avant toutes lettres, imprimée en couleur. Rare.

433 — *Hauy* (Valentin). In-4. Très belle épreuve imprimée en couleur.

SERGENT (A.)

434 — *Marie-Antoinette*, Reine de France. Petit buste en médaillon, d'après Mme Le Brun. Très belle épreuve imprimée en couleur. Rare.

435 — Monsieur, frère du Roi, d'après Duplessis. In-4. Superbe épreuve imprimée en couleur, marge.

436 — *Necker*, d'après Duplessis. In-4. Très belle épreuve imprimée en couleur.

SERGENT (à Paris, chez)

437 — Convoi de très haut et très puissant Seigneur des Abus. Très belle épreuve imprimée en bistre.

SIMON ET MARCHAND

438 — Vue du côté Oriental de la montagne élevée au champ de la Réunion, pour la fête de l'Être suprême l'an II. Très belle épreuve.

SMITH (J.)

439 — *Hunt* (Mrs Arabella), d'après Kneller. In-fol. Très belle épreuve.

SMITH ET NORTHCOTE (d'après)

440 — A Visit to the Grandfather, — A Visit to the Grandmother. Deux pièces faisant pendants, gravées par J.-R. Smith et Dayes. Très belles épreuves en couleur, Marges.

STEINLEN

441 — Bataille de Hohenlinden, commandée par le général Moreau en personne, le 2 décembre 1800, d'après Rugendas. Belle épreuve en couleur.

TASSAERT (J.-F.)

442 — Le 31 May 1793, d'après Harriet. Très belle épreuve.

TASSAERT

443 — *Corday* (Marie-Anne-Charlotte), d'après Hauer. In-fol. Très belle épreuve avec la tablette blanche.

TAUNAY (à Paris, chez)

444 — Représentation exacte du grand Collier en brillants des Srs Boehmer et Bassange, gravé d'après la grandeur des Diamants. Belle épreuve coloriée.

TEXIER

445 — Apparition d'Henri IV à Louis XVI, ou la vérité découverte. Très belle épreuve, toute marge.

THOUVENIN

446 — Trait de courage héroïque, d'après Cazenave. Très belle épreuve.

TOURMI (à Orléans, chez Le)

447 — La Prise de la Bastille. Image populaire avec légende.

TURNER (Ch.)

448 — *Angoulême* (Marie-Thérèse-Charlotte de France, duchesse d'), d'après Huet-Villiers. In-fol. Très belle épreuve imprimée en bistre, marge.

VÉRITÉ

449 — *Marie-Antoinette*, reine de France. In-8. Très belle épreuve, imprimée en couleur, toute marge.

449 *bis*. *Beaulieu*, d'après Bauzil. In-4 en couleur. Très belle épreuve.

VÉRITÉ et FIESINGER

450 — Portraits de députés à l'Assemblée nationale. Neuf pièces in-8. Belles épreuves.

VERNET (d'après H.)

451 — Le Gastronome sans argent, — Le Gastronome en jouissance. Deux pièces en couleur faisant pendants, gravées par Commarieux et Coqueret. Très belles épreuves.

VESTIER

452 — *Latude* (Henri Masers de). In-fol. Très belle épreuve, toute marge.

VILETTE

453 — Grande séance aux Jacobins en janvier 1792, où l'on voit le grand effet intérieur que fit l'annonce de la guerre par le ministre Linotte à la suite de son grand tour qu'il venait de faire. In-4 en largeur. Très belle épreuve. Rare.

VILLENEUVE

454 — Allusion aux informations des journées des 5 et 6 octobre 1789, — Les Crimes des Rois, — Françaises devenues libres, — Epicier-Droguiste du château. Quatre pièces sur fonds rouges. Très belles épreuves. Rares.

455 — Attaque de la petite Bastille, — Aristocrate croyant à la Révolution. Deux pièces.

456 — Beauté du port au Bled, — Coq des Porcherons. Deux pièces faisant pendants, d'après Courtalon. Très belles épreuves en couleur, marges.

457 — Les Crimes des rois. Pièce curieuse et rare, sur fond rouge. Très belle épreuve.

458 — Le François d'autrefois, — Le François d'aujourd'hui, Repique est Capet. Trois pièces sur fonds rouges. Très belles épreuves.

459 — L'homme du peuple, 1789, — L'homme de la cour, 1791. Médaillon sur fond rouge. Très belle épreuve.

460 — Marat vainqueur de l'Aristocratie, — A la Gloire immortelle de Marat, l'Ami du peuple. Deux pièces. Très belles épreuves. Rares.

461 — Marat vainqueur de l'aristocratie, en couleur, — Gare aux faux pas. Deux pièces. Belles épreuves.

VILLENEUVE

462 — Mounier travesti en jockey désertant l'Assemblée, — Le temps passé, les plus utiles étaient foulés aux pieds, — Le grand abus, — Le Désarmement de la bonne Noblesse, — L'Aristocrate, — La Démocrate. Six pièces médaillons sur fonds rouges. Très belles épreuves. Rares.

463 — Le sauveur de la Belgique, — N'ayant pu me corrompre, ils m'ont assassiné (tombeau de Marat), — Trait sublime de courage et de dévouement (mort de Beaurepaire). Trois pièces in-4. Très belles épreuves.

464 — *Arouet de Voltaire* (F. M.), — *Maury* (J. f.), Prieur de lions. Deux portraits sur fonds rouges. Très belles épreuves.

465 — Jules *Guignard*, acomat, dit Saint-Priest, ou Farcy, ci-devant ministre et secrétaire d'État. Buste en médaillon sur fond rouge. Très belle épreuve. Rare.

466 — *Kellerman*, — *Custine*, — *Le Pelletier*, — *Dumouriez*. Quatre portraits médaillons in-12. Très belles épreuves.

467 — Michel Lepelletier et J.-P. Marat représentés en bustes dans deux médaillons posés sur deux monuments funèbres. Deux pièces in-4 faisant pendants. Très belles épreuves, marges. Rares.

468 — Louis XII, Henri IV et Louis XVI, en bustes dans un même médaillon, — *Orléans* (Louis-Philippe-Joseph d'). Deux médaillons sur fonds rouges. Très belles épreuves.

469 — Louis XVI coiffé du bonnet rouge et tenant une bouteille. In-4 en couleur. Très belle épreuve.

470 — Louis XVI debout, coiffé du bonnet vert et se versant à boire. In-4 en couleur. Très belle épreuve. Rare.

471 — Une main tenant en l'air la tête de Custine. In-4. Très belle épreuve.

472 — Le traître Louis XVI, — La panthère Autrichienne. Deux pièces faisant pendants, représentant les portraits du Roi et de la Reine dans des médaillons suspendus

VILLENEUVE

dans une lanterne. Très belles épreuves, imprimées en bistre. Rares.

473 — *Mirabeau* (Honoré-Gabriel Riquetti, comte de), — *Petion* (Jérome). Deux portraits sur fonds rouges. Très belles épreuves. Rares.

474 — Riquetti-Cravate, ou les deux n'en font qu'un, — Claude *Fauchet*, évêque du Calvados, — Jérome *Petion*. Trois médaillons sur fonds rouges. Très belles épreuves. Rares.

475 — Le trium-geusat. Frédéric, Brunswick et Joseph, représentés en bustes dans un médaillon suspendu dans une lanterne. In-4. Très belle épreuve.

WARD (d'après W.)

476 — Hésitation, par W. Ward. Très belle épreuve, en couleur. Rare.

WATTEAU (d'après L.)

477 — Confédération des départemens du Nord, de la Somme et du Pas-de-Calais, faite à Lille, le 14 juillet 1790, gravé par Helman. Très belle épreuve, marge.

WEBERT (chez)

478 — Chute prochaine de la fille à Target, — Quand viendra-t-il ? Deux pièces, imprimées en bistre. Belles épreuves.

WELLS (J.)

479 — Prise de la Bastille, le 14 Juillet 1789. Grande pièce en couleur, publiée à Londres. Très belle épreuve, toute marge.

480 — Départ de la Milice bourgeoise pour Versailles, le 5 octobre 1789, — Entrée du Roi à Paris, le 6 octobre 1789. Deux grandes pièces en largeur, publiées à Londres, et coloriées. Très belles épreuves, toutes marges. Rares.

LIVRES

481 — *Héro et Léandre*, poème nouveau en trois chants, traduit du Grec, auquel on a joint des notes historiques. Cette édition est ornée d'un frontispice et de huit Estampes en couleur, dessinées et gravées par P.-L. Debucourt, de la ci-devant Académie. A Paris, imprimerie de Pierre Didot l'aîné. An IX (1801). 1 vol. in-4, dem. rel. bas.

482 — *Portraits* des grands hommes, femmes illustres et sujets mémorables de France, gravés et imprimés en couleur, dédiés au Roy. A Paris, chez Blin, imprimeur en taille-douce. S. D. 1 vol. in-4, demi-rel., mar. rouge, dos et coins. Très bel exemplaire, contenant titre, dédicace et 192 planches. Rare aussi complet.

483 — *Vues* remarquables des montagnes de la Suisse, dessinées et coloriées d'après nature, avec leur description. 1785. Partie du texte et trente-cinq planches imprimées en couleur et gravées par Descourtis et Janinet, d'après Rosenberg et Wolff, et publiées sous la direction de Hentzi. Superbes épreuves à toutes marges.

Imprimerie D. Dumoulin et C°, à Paris.

www.ingramcontent.com/pod-product-compliance
Lightning Source LLC
LaVergne TN
LVHW020626110826
845149LV00004B/1051

* 9 7 8 2 0 1 4 4 7 1 2 6 7 *